Mi amiga tiene DISLEXIA
My Friend Has DYSLEXIA

por/by Amanda Doering Tourville
ilustrado por/illustrated by Kristin Sorra

Gracias a nuestros consejeros por su experiencia, investigación y asesoramiento/
Thanks to our advisers for their expertise, research, and advice:

Anjanette Johnson, MEd
Clínica de Medicina Integrativa/Integrative Medicine Clinic
Children's Hospitals and Clinics of Minnesota

Terry Flaherty, PhD
Profesor de Inglés/Professor of English
Minnesota State University, Mankato

PICTURE WINDOW BOOKS
a capstone imprint

What Is Dyslexia? Dyslexia is a brain-based learning disability that makes it hard for people to read. It affects people all around the world. People with dyslexia have trouble putting sounds together to make words. They also see letters and words incorrectly. Dyslexia has nothing to do with how smart a person is. Many intelligent people struggle with dyslexia. Tutors and learning specialists help kids with dyslexia by giving them reading and spelling activities. Dyslexia runs in families. If one family member has dyslexia, another member often does, too.

¿Qué es dislexia? La dislexia es una discapacidad de aprendizaje que dificulta aprender a leer. Afecta a gente alrededor del mundo. Gente con dislexia tiene dificultad para poner los sonidos juntos que forman palabras. También ven letras y palabras en forma incorrecta. La dislexia no tiene nada que ver con qué inteligente una persona es. Los tutores y especialistas en aprendizaje ayudan a niños con dislexia al darles actividades de lectura y deletreo. La dislexia es hereditaria. Si un miembro de la familia tiene dislexia, otro miembro a menudo la tiene también.

Anna and I have been neighbors and friends since we were little. Anna has a hard time reading. Her doctor says she has dyslexia.

Anna y yo hemos sido vecinos y amigos desde que éramos pequeños. Anna tiene dificultades para leer. Su doctor dice que ella tiene dislexia.

3

Anna reads out loud slowly. She tries really hard. But sometimes she gets words wrong.

Anna lee en voz alta muy despacio. Ella se esfuerza mucho. Pero hay veces que se equivoca en las palabras.

DID YOU KNOW? Kids with dyslexia can't always make sense of letters and word sounds. They sometimes have trouble reading and spelling. Letters or words may appear switched.

¿LO SABÍAS? Niños con dislexia no siempre pueden entender las letras y los sonidos de las palabras. A veces tienen problemas para leer y deletrear. Las letras o palabras pueden parecerles cambiadas.

Science Fair
Feria de ciencias

SIGN UP!

ATTENTION
all

pro jects duo
Fribay March12

projects due
Friday, March 12

entrega de proyectos,
viernes 12 de marzo

en trega de bro
yetos Viednes 12
de mazo

Sometimes kids laugh at Anna when she reads
out loud. I tell them to stop. It's not cool to
make fun of people.

A veces los niños se ríen de Anna cuando ella lee
en voz alta. Yo les digo que paren. No está bien
burlarse de las personas.

DID YOU KNOW? Dyslexia is a learning disability. A learning disability is something that makes it hard for a person to process information.

¿LO SABÍAS? La dislexia es una discapacidad de aprendizaje. Una discapacidad de aprendizaje es algo que dificulta el proceso de información de la persona.

Anna needs extra help with her reading.
She goes to special reading classes.

Anna necesita ayuda adicional para leer.
Ella va a clases especiales de lectura.

She works in small groups or by herself.

Ella trabaja en grupos pequeños o sola.

DID YOU KNOW? Reading specialists help kids with dyslexia by playing word and spelling games. They also give kids tips for living with dyslexia.

¿LO SABÍAS? Especialistas en lectura ayudan a los niños con dislexia por medio de juegos de palabras y deletreo. También les dan a los niños consejos sobre cómo vivir con dislexia.

Sometimes Anna gets upset with herself. She feels sad because she can't read as easily as the rest of our class. I tell her she's great at lots of other things.

A veces Anna se disgusta consigo misma. Ella se siente triste porque no puede leer tan fácilmente como el resto de nuestra clase. Yo le digo que ella es buena en un montón de otras cosas.

DID YOU KNOW? Kids with dyslexia may have low self-esteem. They may feel bad because they have trouble reading.

¿LO SABÍAS? Niños con dislexia pueden tener poca autoestima. Pueden sentirse mal porque tienen dificultad para leer.

No one can catch
a pass like Anna!

¡Nadie puede atrapar
un pase como Anna! 11

Anna is amazing at art. She draws pictures of tall buildings and houses. It would be so fun to live in one of them!

Anna es buenísima en arte. Ella hace dibujos de edificios altos y casas. ¡Sería tan divertido vivir en uno de ellos!

DID YOU KNOW? Some famous people have had dyslexia. Scientist Albert Einstein had dyslexia. So did Walt Disney. Actors Tom Cruise, Orlando Bloom, and Keira Knightley all have dyslexia.

¿LO SABÍAS? Alguna gente famosa ha tenido dislexia. El científico Albert Einstein tenía dislexia. También Walt Disney. Los actores Tom Cruise, Orlando Bloom y Keira Knightley todos tienen dislexia.

Anna is a
science whiz.

Anna es un genio
en ciencias.

Science isn't my best subject at all.

Sometimes I help Anna with reading, and she helps me with my science homework.

Ciencias no es mi mejor materia.

Algunas veces yo ayudo a Anna con la lectura y ella me ayuda con mis tareas de ciencias.

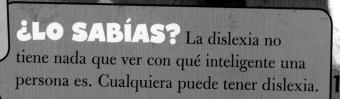

DID YOU KNOW? Dyslexia has nothing to do with how smart someone is. Anyone can have dyslexia.

¿LO SABÍAS? La dislexia no tiene nada que ver con qué inteligente una persona es. Cualquiera puede tener dislexia.

Anna is really good with animals. One day, Buster
ran under the porch and wouldn't come out. Anna
knew just what to do.

Anna es muy buena con animales. Un día,
Buster corrió debajo del porche y no quería
salir. Anna supo exactamente qué hacer.

Sometimes Anna and I just hang out and play video games. We talk about school, sports, and our bossy big brothers.

A veces Anna y yo pasamos tiempo juntos y jugamos videojuegos. Hablamos sobre la escuela, deportes y nuestros mandones hermanos mayores.

Anna and I like helping other people.
We started a community club this year.

A Anna y a mí nos gusta ayudar a la gente.
Este año empezamos un club comunitario.

DID YOU KNOW? Kids with dyslexia may feel left out because they have trouble reading. Doing things for others can help them feel better about themselves.

Our club helps people by collecting food for foodshelves.

Nuestro club ayuda a gente al recolectar alimentos para bancos de comida.

¿LO SABÍAS? Niños con dislexia pueden sentirse dejados de lado porque tienen problemas para leer. Hacer cosas por otros los ayuda a sentirse mejor sobre sí mismos.

21

Anna is awesome! She's kind and caring. I'm lucky to have her as a friend. I try to be a good friend to her, too.

¡Anna es increíble! Ella es amable y bondadosa. Tengo suerte de que sea mi amiga. Yo trato de ser un buen amigo también.

Glossary

learning disability—a condition that keeps a person from learning information the way most people do

process—to make connections between pieces of information

self-esteem—a feeling of being happy with one's self

specialist—a person who knows a lot about a certain thing

tutor—a teacher who gives private lessons

Glosario

autoestima—un sentimiento de estar contento con uno mismo

discapacidad de aprendizaje—una condición que evita que una persona aprenda información de la manera en que la mayoría de la gente lo hace

especialista—una persona que sabe mucho acerca de cierta cosa

proceso—hacer conexiones entre datos de información

tutor—un maestro que da lecciones privadas

Internet Sites

FactHound FactHound offers a safe, fun way to find Internet sites related to this book. All of the sites on FactHound have been researched by our staff.

Here's all you do:

Visit *www.facthound.com*

Type in this code: 9781404873148

Super-cool stuff! Check out projects, games and lots more at www.capstonekids.com

Sitios de Internet

FactHound brinda una forma segura y divertida de encontrar sitios de Internet relacionados con este libro. Todos los sitios en FactHound han sido investigados por nuestro personal.

Esto es todo lo que tienes que hacer:

Visita *www.facthound.com*

Ingresa este código: 9781404873148

¡Algo súper divertido! Hay proyectos, juegos y mucho más en www.capstonekids.com

To Rick, my wonderfully smart and loving husband. Thank you for your help with this book. ADT

Editor: Jill Kalz
Translation Services: Strictly Spanish
Designer: Nathan Gassman
Bilingual Book Designer: Eric Manske
Production Specialist: Danielle Ceminsky
The illustrations in this book were created with mixed media – digital.

Picture Window Books
1710 Roe Crest Drive,
North Mankato, Minnesota 56003
www.capstonepub.com

Library of Congress Cataloging-in-Publication Data
Tourville, Amanda Doering, 1980–
  Mi amiga tiene dislexia = My friend has dyslexia / by Amanda Doering Tourville ; illustrated by Kristin Sorra.
    p. cm.—(Picture window bilingüe. Amigos con discapacidades = Picture window bilingual. Friends with disabilities)
  Includes index.
  Summary: "Explains some of the challenges and rewards of having a friend with dyslexia using everyday kid-friendly examples—in both English and Spanish"—Provided by publisher.
ISBN 978-1-4048-7314-8 (library binding)
  1. Dyslexia—Juvenile literature. I. Sorra, Kristin, ill. II. Title. III. Title: My friend has dyslexia.
RJ496.A5T68 2012
618.92'8553—dc23   2011028491

Printed in the United States of America in North Mankato, Minnesota.
102011   006405CGS12